핵심만
배우는
골프

VOL.3

핵심만 배우는 골프

어프로치 편

김해천 지음

APPROACH

싸이프레스

PROLOGUE

"Practice Makes Perfect!"

이 말은 골프와 가장 어울리는 격언일 것이다.

골프를 잘하기 위해서는 끊임없는 연습 외에 왕도가 없다는 뜻이다. 하지만 필자는 이 말에 전적으로 동의하지는 않는다. 무작정 하는 연습은 자칫 나쁜 습관이 몸에 배어 가게 할 뿐만 아니라 시간도 많이 소비될 수 있기 때문이다. 하지만 올바른 방법으로 믿음을 가지고 연습하는 골퍼에게는 고수로 가는 길이 그리 멀지만은 않다고 확신한다.

현대사회에는 인터넷 등을 통해 골프스윙에 관한 수많은 정보가 넘쳐 나고 있고, 코치마다 각기 다른 교습법으로 가르치는 것을 볼 수 있다. 그러다 보니 골프스윙에 대한 설명과 방법이 너무나 다양해지고 복잡해지는 것을 알 수 있다. 그러나 골프스윙을 복잡하게 이해하게 되면 골프가 더 어려워 질 수밖에 없고 습득하는 데에도 더 오랜 시간이 걸리게 된다. 결국 자신의 동작으로 표현하기 어려운 실전과 동떨어진 이론의 덫에 사로잡혀 더 이상 골프가 향상되지 않고 좌절만 반복되는 모습을 보게 된다.

필자가 추구하는 골프는 스윙을 단순히 익히는 것이다. 간단히 배우고 쉽게 반복할 수 있는 그런 스윙 말이다. 스윙이 단순해지면 샷에 대한 일관성이 좋아지고 예측 가능한 샷을 할 수 있기 때문에 자신감이 높아진다. 골프는 자신감만 좋아지면 엄청난 실력 향상을 경험하게 된다. 이러한 개념이야말로 현대시대의 골퍼들이 가장 갈망하고 필요한 부분일 것이다.

골프를 단순히 익히기 위해서는 많은 지식을 필요로 하는 수준 높은 이론적인 교습보다는 쉽게 따라할 수 있는 핵심적인 동작을 확실하게 습득하는 것이 도움이 된다. 이런 맥락에서 필자는 이 책을 통하여 골프에서 꼭 필요한 핵심 내용을 간결하게 설명하고, 핵심 동작들을 큰 사진으로 보여줌으로써 스스로 쉽게 이해하며 익힐 수 있는 데 초점을 맞추어 구성했다. 또한 초보자들에게는 양식 있는 골퍼로 성장하기 위해 꼭 알아야 하는 기초적인 골프 상식도 수록하였다.

이 책은 「아이언」, 「드라이버, 우드, 하이브리드」, 「어프로치」, 「벙커, 퍼팅」 등 총 4권의 시리즈 형식으로 구성되었다. 그리고 각 권에서 골퍼들이 꼭 알아야 하는 핵심 포인트만 압축하여 화보 형식으로 구성하고 설명은 최대한 간결히게 실었다. 이 시리즈가 골프에 열정이 있는 골퍼들에게 큰 도움이 되기를 간절히 바란다.

김해천

CONTENTS

Prologue

 **그린 주변에서는 낮게 쳐서 굴리는 칩 샷이 우선이다**

BASIC 기본
어프로치 샷을 굴려서 칠까? 아니면 띄워서 칠까? / **10**
어프로치가 자신 없다면 칩 샷을 구사하라 / **12**

SWING 스윙
칩 샷은 어드레스만 잘해도 50%는 성공이다 / **14**
칩 샷을 할 때는 손목을 사용하지 마라 / **16**
하체의 움직임을 자제하고 상체 위주로 샷을 하라 / **18**

PART 02 30미터가 넘는 거리에서는 띄워 치는 피치 샷을 하라

BASIC 기본
30미터가 넘는 거리에서는 볼을 띄우는 피치 샷이 우선이다 / **22**
피치 샷 어드레스를 할 때는 볼이 높게 뜨는 모습을 상상하라 / **24**
볼을 쉽게 띄우려면 손목을 유연하게 사용하라 / **26**
볼을 띄우려면 올려치지 말고 내려쳐라 / **28**

TARGET 그린 공략법
50미터 이내에서는 10미터씩 나눠서 거리감을 익혀라 / **30**
50미터 이상에서는 20미터씩 나눠서 거리감을 익혀라 / **32**
핀의 위치가 앞 핀일 때와 뒤 핀일 때는 공략방법이 다르다 / **34**
핀이 벙커 뒤에 있을 때에는 로프트가 가장 큰 클럽으로 공략하라 / **36**
오른손으로 볼을 토스하듯이 던진다고 상상하라 / **38**

PART 03 상황별 어프로치 샷 & 미스 샷 바로잡기

APPROACH 상황별 공략법
클럽별 캐리와 런의 비율을 기억하라 / **42**
그린이 가깝다면 퍼터로 굴려라 / **44**
러프에서는 가까운 거리라도 띄워 쳐라 / **46**
왼발 오르막 경사에서는 한 클럽 더 크게 잡아라 / **48**
왼발 내리막 경사에서는 경사면을 긁어 내려가듯이 쳐라 / **50**
볼을 높게 띄워 바로 멈추게 하려면 로브 샷을 익혀라 / **52**
깊은 러프에서 볼을 띄울 때는 플롭 샷을 구사하라 / **54**
솟아있는 그린에서는 범프 앤드 런 샷으로 공략하라 / **56**
그린 주변 러프에서는 우드로 탈출하라 / **58**

DRILL 미스 샷 향상 드릴
러닝 어프로치 샷 향상 드릴: 롱 샤프트 드릴 / **60**
러닝 어프로치 샷 향상 드릴: 임팩트 백 드릴 / **62**
어프로치 뒤땅과 짧아지는 미스 샷을 잡아라 / **64**
어프로치 탑볼과 어이 없이 길어지는 샷을 잡아라 / **66**
내 사전에 생크란 없다 / **68**

골프 용어 / **70**

CORE GOLF LESSON

PART 01

CHIP SHOT

그린 주변에서는 낮게 쳐서 굴리는 칩 샷이 우선이다

어프로치 샷을 굴려서 칠까? 아니면 띄워서 칠까?

그린 주변에서 숏게임을 할 때는 일단 볼이 놓여 있는 상태(라이)를 살핀 다음 낮게 쳐서 굴릴 것인지 높게 띄워 칠 것인지를 결정한 후 클럽을 선택해야 한다. 대개 그린 주변에서 진행 방향에 장애물이 없고 잔디 상태가 좋을 때는 볼을 낮게 쳐서 굴리는 칩 샷(Chip Shot)이 안전하다. 또한 볼이 디봇(Divot)이나 맨땅 위에 있을 때에도 칩 샷을 구사해야 실수를 줄일 수 있다. 하지만 홀 앞에 장애물, 즉 벙커나 해저드, 러프, 언덕 등이 있다면 일단은 장애물을 넘겨야 하므로 볼을 띄워 치는 피치 샷(Pitch Shot)을 구사해야 한다. 칩 샷은 보통 30미터 이내 거리에서 피칭웨지(PW)를 주로 사용하고, 피치 샷은 30미터 이상 거리에서 샌드웨지(SW)를 사용한다.

라이에 따라 볼을 굴려 칠 것인지 띄워 칠 것인지를 결정한다.

볼을 굴릴지 띄울지를 결정했으면 그에 맞는 클럽을 선택한다.

PART 01 CHIP SHOT

그린 주변에서 어프로치를 하기 전에는 항상 볼이 놓인 상태를 먼저 파악하는 것이 중요하다. 디봇이나 맨땅에 볼이 놓인 경우에는 낮게 치는 칩 샷을 구사한다.

그린 가까이에서 장애물이 없고 평이한 상황에서는 피칭웨지(PW)로 낮게 굴려 치는 칩 샷을 구사한다.

그린 주변에 벙커, 해저드, 러프, 언덕 등 장애물이 앞에 있다면 샌드웨지(SW)로 띄워 치는 피치 샷을 구사한다.

BASIC

기본

어프로치가 자신 없다면 칩 샷을 구사하라

그린 가까이에서는 로프트가 큰 샌드웨지나 52도로 낮게 쳐서 굴려 치는 칩 샷이 가장 안전하다.

PART 01 CHIP SHOT

칩 샷은 러닝 어프로치(Running Approach)라고도 하며 볼이 공중에서 떠가는 거리(캐리, Carry)보다 지면에서 구르는 거리(런, Run)가 더 긴 샷이다. 즉, 볼을 낮게 쳐서 많이 굴러가게 하는 샷으로 그린 주변에서의 숏게임 중 가장 안전하다. 왜냐하면 스윙이 단순하고 샷의 크기도 작아서 미스 샷이 발생할 확률이 낮기 때문이다. 하지만 칩 샷을 할 때 꼭 고려해야 할 조건이 있다. 일단 볼이 그린에서 가까운 지점에 있고, 핀까지의 진행 경로에 장애물이 없어야 한다. 보통 핀의 위치가 그린 앞쪽에 있을 때는 볼을 짧게 굴려야 하므로 로프트가 큰 클럽(샌드웨지, 갭웨지 등)을 사용하고, 그린 뒤쪽에 있을 때는 볼을 길게 굴려야 하므로 로프트가 작은 클럽(피칭웨지, 9번 아이언 등)을 사용하는 것이 좋다.

핀이 그린 뒤쪽에 있다면 로프트가 작은 피칭웨지나 9번 아이언으로 런을 길게 쳐야 한다.

SWING

스윙 칩 샷은 어드레스만 잘해도 50%는 성공이다

위에서 내려다보았을 때 오른손 손목이 살짝 등호(〈) 모양으로 보이도록 각도를 만든다.

양손의 위치는 왼쪽 허벅지 앞쪽이다.

그립은 뉴트럴 그립을 잡는다.

양 무릎을 가볍게 구부리고, 무게중심이 엄지발가락 아래쪽 도톰한 부분에서 느껴지도록 한다.

체중은 왼발에 70% 정도 싣는다.

볼의 위치는 오른발 앞쪽이다.

스탠스는 좁게 서고 양발 뒤꿈치를 중심으로 발끝을 왼쪽으로 살짝 오픈시킨다.

PART 01 CHIP SHOT

칩 샷은 스윙을 하는 동안 몸의 움직임에 큰 변화가 없기 때문에 어드레스만 잘해도 성공 확률이 높아진다. 칩 샷 어드레스는 스탠스를 어깨너비보다 좁게 하여 오픈시키고, 왼발에 체중을 70% 이상 실으며, 클럽은 뉴트럴 그립으로 잡는다. 볼의 위치는 오른발 쪽에 놓고 손이 타깃 쪽으로 기울어지게 잡아야 한다. 스탠스를 오픈시키면 타깃의 방향을 잘 느낄 수 있고, 왼발에 체중을 많이 실으면 무게중심을 한쪽으로 고정시켜 몸이 지나치게 움직이는 것을 방지할 수 있다. 또한 볼을 오른쪽에 놓고 손을 앞으로 기울이면 클럽의 로프트가 더 세워지기 때문에 볼을 쉽게 굴릴 수 있다.

머리, 어깨, 척추가 오른쪽으로 쏠려 있다.

체중이 오른발에 너무 실려 있다.

스탠스가 너무 넓고 발끝이 정면을 향하고 있다.

볼의 위치가 너무 가운데에 있다.

SWING

스윙 칩 샷을 할 때는 손목을 사용하지 마라

볼을 낮게 굴리는 칩 샷을 시도할 때 가장 조심해야 할 점은 손목을 의도적으로 사용하지 않는다는 것이다. 어드레스에서 손이 클럽헤드보다 앞서게 기울인 자세가 스윙하는 동안 그대로 유지되어야 한다. 백스윙 때는 손목을 유연하게 하되 의도적으로 사용하지 말고 오히려 코킹을 자제해야 한다. 임팩트 때도 어드레스 때와 같이 손이 앞서는 형태로 볼을 타격해야 하며, 임팩트 후에도 클럽이 낮게 진행되어야 하고 오른 손목의 각도가 그대로 유지되어야 한다. 피니시 때는 클럽페이스가 돌아가지 않도록 주의해야 한다.

임팩트 후 손목이 돌아가면 볼이 뜨거나 방향이 달라질 수 있다.

PART 01 **CHIP SHOT**

칩 샷 연속 동작

1. 어드레스 때는 손이 클럽헤드보다 앞서게 기울어서 로프트를 줄여준다.

2. 백스윙에서 손목의 움직임을 자제하고 어깨와 팔이 이루는 삼각형을 유지한다.

3. 오른 손목 각도를 어드레스 때와 같이 유지하면서 임팩트를 한다.

4. 팔로스루 동작에서도 오른 손목 각도 및 어깨와 팔의 삼각형을 유지하도록 하고, 클럽페이스는 하늘을 향한다.

SWING

스윙 — 하체의 움직임을 자제하고 상체 위주로 샷을 하라

칩 샷은 스윙의 폭이 작기 때문에 거리를 내기 위한 일반적인 테크닉, 즉 코킹, 로테이션, 릴리스 등이 필요하지 않다. 또한 왼발에 체중을 이미 더 실었기 때문에 하체의 움직임을 자제하고 어깨와 팔 위주로 스윙이 이루어져야 한다. 단조로운 샷이지만 하체를 많이 움직이면 뒤땅이나 탑핑을 자주 할 수 있으므로 조심해야 한다. 따라서 하체의 움직임은 리듬을 타기 위한 최소한의 동작만 하고 클럽헤드가 볼을 정확하게 타격할 수 있도록 집중력을 발휘해서 샷을 한다.

하체는 최대한 고정시킨 채 어깨와 팔 위주로 스윙을 한다. 어드레스부터 임팩트까지 양손은 반드시 클럽헤드보다 앞서야 한다.

PART 01 CHIP SHOT

백스윙에서 손목코킹을 많이 하면 볼이 뜨거나 임팩트가 부정확해진다.

임팩트 전에 손목이 미리 풀리면 뒤땅을 치거나 볼이 뜨게 된다.

손목을 돌리거나 릴리스를 하면 볼이 뜨거나 방향이 달라지게 된다.

상체를 좌우로 너무 과하게 움직이면 볼을 정확하게 칠 수 없어 뒤땅이나 탑핑이 자주 일어나고 샷의 일관성도 떨어지므로 머리의 움직임을 자제해야 한다.

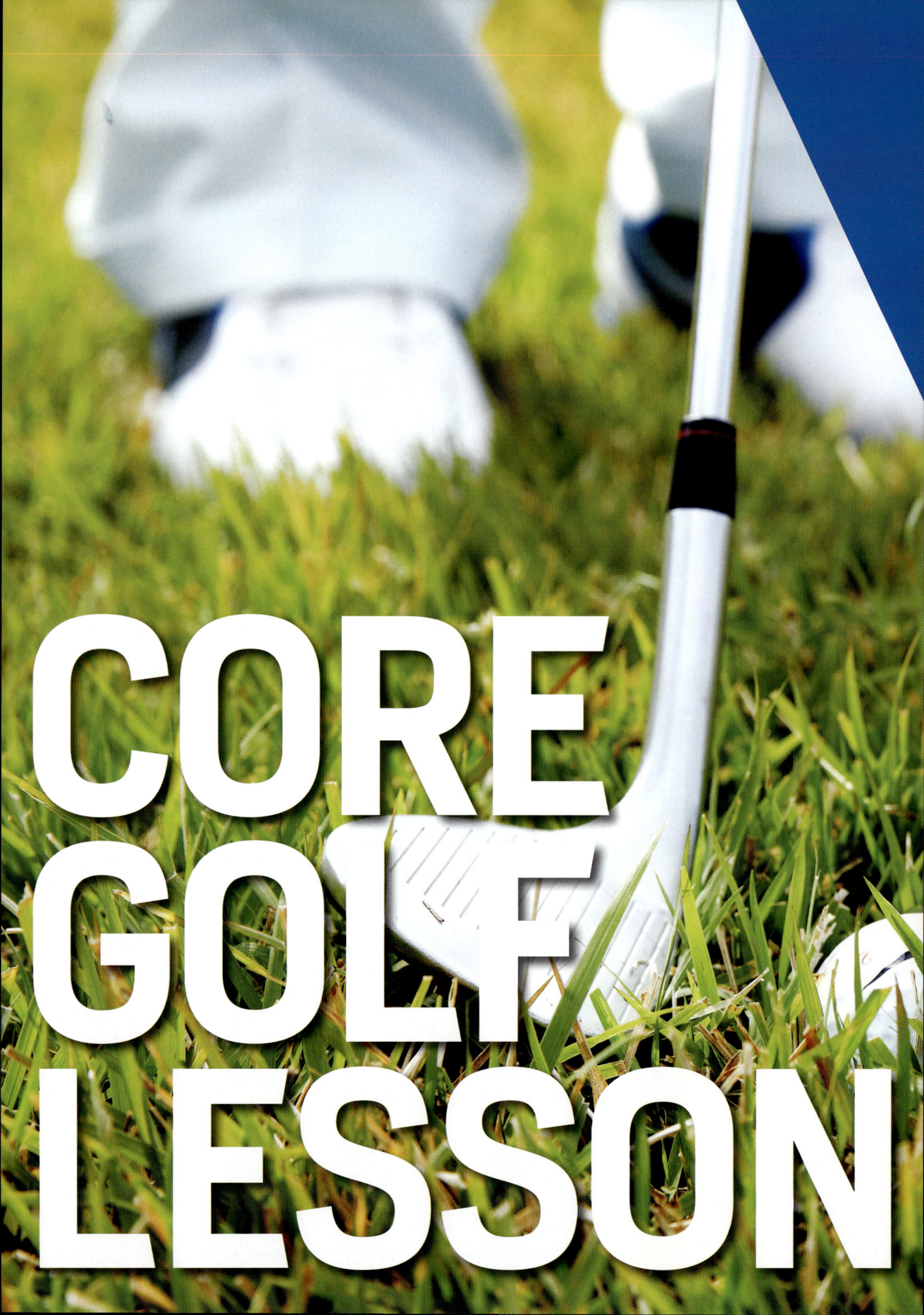

PITCH SHOT

30미터 이상 거리에서는 띄워 치는 피치 샷을 하라

 기본

30미터가 넘는 거리에서는 볼을 띄우는 피치 샷이 우선이다

피치 샷은 볼이 공중에서 떠가는 거리가 지면에서 굴러가는 거리보다 더 긴 샷을 말한다. 볼을 낮게 쳐서 굴리는 칩 샷은 주로 30미터 이내의 거리에서 구사하고, 30미터 이상의 거리에서는 볼을 띄워서 핀에 가깝게 보내는 피치 샷이 좋다. 왜냐하면 칩 샷을 하면 볼이 먼 거리를 굴러가는 동안 그린의 경사나 잔디의 길이 등의 영향을 많이 받기 때문에 홀에 가깝게 붙이기가 더 어렵기 때문이다. 따라서 이러한 변수들을 피하기 위해 볼을 띄워서 핀 주변에 안착시킨 후 조금만 굴리는 피치 샷이 더 유용하다. 만약 30미터 이내의 거리라 할지라도 그린에 변수가 많을 경우에는 칩 샷 대신 피치 샷이 효과적이다. 피치 샷을 할 때는 클럽에 따라 볼이 착지한 후 그린에서 얼마나 구를 것인가를 고려하여 그 거리만큼 핀 앞쪽에 떨어뜨려야 한다.

30미터 이상 거리에서는 가급적 볼을 띄워 치는 피치 샷을 구사하는 것이 안전하다.

PART 02 PITCH SHOT

30미터 이내의 거리라도 그린 표면의 굴곡이 심하거나 목표 방향에 장애물이 있을 때는 볼을 직접 핀 근처에 떨어뜨리는 피치 샷을 구사한다.

그린까지 가깝더라도 라이가 안 좋으면 피치 샷으로 볼을 띄워 쳐야 안전하게 칠 수 있다.

BASIC

피치 샷 어드레스를 할 때는 볼이 높게 뜨는 모습을 상상하라

피치 샷 어드레스를 할 때는 예상하는 탄도를 머릿속에 그리면 매우 효과적이다. 스탠스는 칩 샷보다 더 넓게 하여 오픈시키고 예상 탄도에 따라 클럽페이스를 오픈시키며 볼의 위치를 스탠스 중간 또는 약간 오른쪽에 놓는다. 심플한 스윙을 하려면 체중을 왼발 쪽에 더 많이 싣고 왼발만 스윙축으로 사용하면 좋다. 백스윙을 할 때는 손목코킹을 부드럽게 하고 다운스윙 때는 클럽의 로프트를 믿고 지면으로 충분히 내려쳐야 한다. 이때 양팔 로테이션을 억제하여 클럽헤드가 돌아가지 않게 해준다.

피치 샷을 하기 전에 목표 방향을 바라보며 볼을 어느 지점까지 띄워 보내고 어디까지 굴릴지 머릿속으로 이미지를 그리면 큰 도움이 된다.

스탠스는 칩 샷보다 조금 넓게 벌린다.

체중은 왼발에 더 싣는다.

왼발 발끝이 왼쪽을 향하도록 오픈 스탠스를 취한다.

볼은 스탠스 가운데나 약간 오른쪽에 둔다.

PART 02 **PITCH SHOT**

클럽페이스를 목표 방향을 향하도록 하고, 스탠스를 취한 다음 왼발 발끝이 왼쪽을 향하도록 오픈 스탠스를 취한다.

스윙 후 양팔이 로테이션 되면 탄도가 낮아지거나 볼이 왼쪽으로 날아가게 된다.

백스윙 때 손목코킹을 부드럽게 해주면 볼을 띄우기가 쉬워진다.

어깨와 팔이 이루는 삼각형을 유지하면서 다운 블로우로 임팩트를 한다.

볼이 멀리 날아갈지도 모른다는 불안감은 버리고, 스윙 후 볼을 충분히 띄우려면 양팔이 돌아가는 로테이션 동작을 억제한다.

 볼을 쉽게 띄우려면
손목을 유연하게 사용하라

백스윙 때 손목코킹을 부드럽게 하면 볼을 더 높이 띄울 수 있다.

손목이 뻣뻣하면 탄도가 낮아지고 탑핑 실수를 저지르기 쉽다.

PART 02 PITCH SHOT

볼을 띄워 치기 위해서는 먼저 샌드웨지 같은 로프트가 큰 클럽을 사용하는 것이 좋다. 그리고 볼을 쉽게 띄우려면 손목을 유연하게 사용해야 한다. 백스윙 때 손목의 힘을 빼고 코킹을 하면 임팩트 때 클럽이 가속되어 로프트에 의해 생성되는 백스핀으로 인해 볼이 부드럽게 뜨게 된다. 볼은 원래 클럽의 로프트에 의해 뜨지만 손목코킹을 부드럽게 해서 치면 더 높이 뜨게 된다. 짧은 거리를 띄울 때는 클럽헤드가 볼 아래로 사뿐히 지나가는 느낌으로 치고, 50미터 이상 거리에서는 다운블로우로 내려쳐야 한다. 일반적인 피치 샷은 양팔 로테이션 동작을 억제하고 클럽페이스가 돌아가지 않고 하늘을 향하도록 해야 한다.

짧은 거리에서 띄워 칠 때는 손목코킹을 이용하여 헤드무게를 느끼면서 부드럽고 리듬감 있게 친다.

50미터 이상 거리에서는 스탠스도 조금 넓게 벌리고 스윙의 크기도 더 크게 하며 임팩트는 다운 블로우로 내려친다.

BASIC

기본 볼을 띄우려면 올려치지 말고 내려쳐라

볼은 클럽의 로프트에 의해 자연스럽게 뜬다는 점을 명심하자.

클럽의 로프트를 믿고 다운 블로우로 치면 볼에 백스핀이 걸리면서 자연스럽게 뜬다.

PART 02 PITCH SHOT

볼을 띄우기 위해서는 상식적으로 올려쳐야 된다고 생각하는 것이 일반적이다. 하지만 골프에서는 볼을 띄우기 위해서 반대로 내려치는 개념이 필요하다. 볼을 띄우는 실질적인 주체는 올려치는 스윙동작이 아니라 클럽의 로프트라는 것을 확실하게 인식해야 한다. 그러므로 클럽의 로프트를 믿고 다운 블로우로 내려치면 볼을 더 잘 띄울 수 있다. 볼을 띄울 때 가장 많이 범하는 실수가 임팩트 때 손목을 사용하여 볼을 떠 올리려고 하는 동작(Scooping, 스쿠핑)과 상체를 뒤로 젖히고 양팔로 퍼 올려치는 동작이다. 이러한 동작들은 탑핑을 유발하기 쉬우므로 조심해야 한다.

볼을 의도적으로 높이 띄우려고 하면 오른 손목이 풀리면서 뒤땅이나 탑볼이 발생한다.

볼을 띄우려고 몸동작을 하게 되면 상체가 반대로 젖혀지면서 오히려 탑볼이 날 확률이 높아진다.

TARGET

> **그린 공략법**
>
> # 50미터 이내에서는 10미터씩 나눠서 거리감을 익혀라

어프로치 중에 50미터 이내에서 볼을 띄워 치는 샷이 가장 어렵다. 왜냐하면 가까운 거리에서 볼을 띄워야 하는 부담감도 있지만 핀에 가깝게 붙여야 하기 때문에 거리와 방향에 대한 정교한 컨트롤이 필요하기 때문이다. 이러한 어려움을 극복하기 위해서 50미터 이내에서는 10미터씩 거리를 나눠서 거리감을 익히는 것이 중요하다. 이 경우에는 스윙의 크기보다는 임팩트의 강도를 조절하는 감각이 좋아야 하기 때문에 많은 연습량이 필요하다. 거리를 상상하고 그에 맞는 강도의 임팩트를 하기 위해서는 다운스윙 때 팔의 속도를 조절하는 것이 가장 효과적이다.

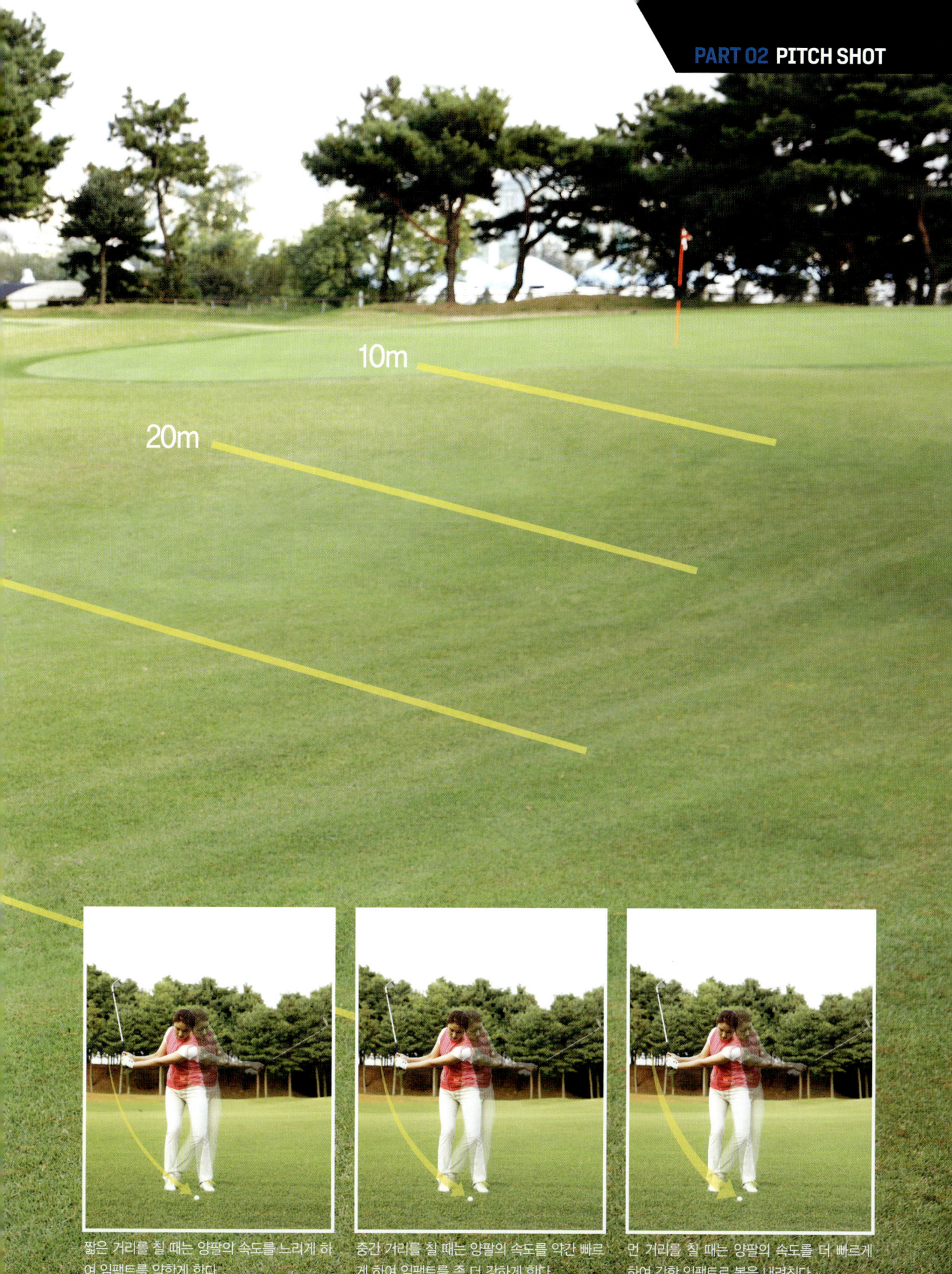

TARGET

그린 공략법

50미터 이상에서는 20미터씩 나눠서 거리감을 익혀라

50미터 이상의 거리에서는 20미터씩 나눠서 거리감을 익히는 것이 좋다. 이때는 스윙 크기에 변화를 주어 거리가 달라지도록 연습을 하는 것이 가장 바람직하다. 단, 60~100미터 사이에서는 거리에 따라 클럽을 바꿔야 한다는 점에 유의해야 한다. 예를 들어, 60미터를 샌드웨지로 쳤다면 80미터는 갭웨지로, 100미터는 피칭웨지로 치듯이 자신의 클럽별 거리를 고려해서 바꿔줘야 한다. 거리를 구분해서 잘 치려면 거리별 스윙 때 자신에게 맞는 손의 높이를 정해서 반복적으로 연습하고, 실전에서는 이 스윙이 무의식적으로 이루어질 수 있도록 해야 한다. 참고로 남자의 경우 60미터를 칠 때는 샌드웨지로 양손이 어깨 높이에 오도록 스윙하고, 80미터일 때는 갭웨지로 머리 높이까지 스윙하고, 100미터일 때는 피칭웨지로 풀스윙을 하면 된다. 다시 말하지만 스윙의 크기는 자신의 클럽과 거리를 고려하여 정해야 한다.

PART 02 PITCH SHOT

평균 거리를 치는 남성의 경우 60~80미터 사이는 샌드웨지가 적당하다.

60미터는 양손이 어깨 높이 정도 오도록 스윙한다.

80~100미터 사이는 갭웨지가 적당하다.

80미터는 양손이 머리 높이 정도 오도록 스윙한다.

100미터는 피칭웨지가 적당하다.

100미터는 풀스윙을 한다.

TARGET

그린 공략법

핀의 위치가 앞 핀일 때와 뒤 핀일 때는 공략방법이 다르다

그린 주변에서 핀을 공략할 때는 핀의 위치에 따라 클럽을 잘 이용할 줄 알아야 한다. 앞 핀일 때는 일단 볼이 그린에 착지 후 많이 굴러가지 않도록 로프트가 큰 클럽을 사용하는 것이 유일한 선택이다. 하지만 뒤 핀일 때는 로프트가 큰 샌드웨지로 핀에 가깝게 떨어뜨려 바로 멈추게 하는 방법과 로프트가 조금 작은 피칭웨지로 볼을 그린 중간에 떨어뜨린 다음 많이 굴러가게 하는 방법이 있다. 핀의 위치에 상관없이 볼을 띄워서 짧게 구르게 치려면 볼을 스탠스 가운데에 놓고 샌드웨지로 치고, 뒤 핀일 때는 볼을 오른발 쪽에 놓고 피칭웨지로 쳐서 볼이 그린 중간에 떨어지도록 하면 된다.

앞 핀일 경우 로프트가 큰 샌드웨지를 이용하면 백스핀이 많이 발생하여 볼이 그린에 착지한 후 많이 구르지 않는다.

PART 02 PITCH SHOT

앞 핀 공략법

볼을 스탠스 가운데에 두고 샌드웨지 같은 로프트가 큰 클럽으로 치면 볼을 핀에 가깝게 떨어뜨려 짧게 굴릴 수 있다.

뒤 핀 공략법

볼을 약간 오른쪽에 두고 피칭웨지 같은 로프트가 조금 작은 클럽으로 치면 볼을 그린 중간쯤에 떨어뜨려 길게 굴릴 수 있다.

TARGET

그린 공략법

핀이 벙커 뒤에 있을 때에는 로프트가 가장 큰 클럽으로 공략하라

핀까지의 거리는 멀지 않지만 그린 앞에 벙커가 있다면 다소 난감한 상황이다. 이런 경우에는 일단 볼을 띄워 벙커를 넘겨서 그린에 올리고, 착지 후에도 런이 최소화 될 수 있도록 쳐야 한다. 그렇게 하기 위해서는 로프트가 가장 큰 클럽, 즉 60도 웨지나 샌드웨지(56도) 등을 사용해야 한다. 볼은 스탠스 왼쪽에 두고 스윙은 크게 하되 리듬을 살려 최대한 부드럽게 하고 클럽헤드가 볼 밑으로 잘 지나가도록 쳐야 한다. 이렇게 치면 볼은 가파른 포물선을 그리며 벙커를 넘어 그린에 거의 수직으로 떨어진 후 바로 멈추게 된다. 이 샷을 할 때 유의해야 할 점은 스윙을 하는 동안, 특히 다운스윙에서 오른쪽 어깨의 높이가 그대로 유지되도록 신경 써야 한다. 그렇지 않으면 뒤땅이나 탑핑을 자주 범하게 된다.

볼을 떨어뜨리고 싶은 지점에 집중하며 거리를 파악한다. 볼을 어느 지점까지 띄워 보내고 어디까지 굴릴지 머릿속으로 이미지를 그리면 큰 도움이 된다.

TARGET

그린 공략법

오른손으로 볼을 토스하듯이 던진다고 상상하라

볼이 어디까지 날아가서 얼마나 구를까….

피치 샷을 잘하기 위해서는 샷을 하기 전에 볼이 날아가는 이미지를 머릿속으로 그려보는 것이 중요하다. 볼이 어떤 탄도로 날아가서 어느 지점에 떨어지고 얼마나 구를 것인가를 상상하고 그대로 샷이 이루어지도록 해야 한다. 이때 가장 효과적으로 실행하기 위해서는 오른손으로 핀을 향하여 볼을 토스하듯이 던진다고 상상하면 핀에 가깝게 떨어뜨릴 확률이 높아진다. 일단 볼을 토스하듯이 던질 때는 팔을 뒤로 부드럽게 뺐다가 다시 아래로 원을 그리듯이 팔을 회전시키면서 팔로스루가 이루어질 때까지 전체 동작을 리듬감 있게 해야 한다. 볼링공을 던질 때의 동작을 연상해도 도움이 된다. 볼링공은 무겁기 때문에 팔을 급격하게 움직이지 못하고 일정한 리듬에 맞춰 스윙을 하기 때문이다.

PART 02 **PITCH SHOT**

핀을 향해 볼을 부드럽게 토스한다고 상상하며 피치 샷을 하면 스윙의 리듬감이 크게 좋아진다.

PART 02 **PITCH SHOT**

ADVANCED APPROACH

상황별 어프로치 샷 & 미스 샷 바로잡기

APPROACH

상황별 공략법

클럽별 캐리와 런의 비율을 기억하라

핀이 그린 맨 뒤쪽에 있어서 볼을 많이 굴려야 할 경우에는 로프트가 작은 9번 이상의 아이언을 선택해보자. 일반적으로 샌드웨지나 갭웨지로 런을 길게 치려면 로프트를 세워야 하기 때문에 손을 타깃 쪽으로 더 많이 기울여야 하고, 충분한 거리를 굴리는 데에도 무리가 따른다. 따라서 9번 이상의 아이언을 선택해서 칩샷 자세로 퍼팅하듯이 치면 볼이 처음부터 낮게 많이 굴러가므로 충분한 런을 만들 수 있다. 이렇게 런이 긴 샷의 장점은 퍼팅처럼 스윙을 작게 하기 때문에 뒤땅과 같은 미스 샷이 거의 나오지 않는다는 점이다.

볼을 치기 전에 그린의 경사와 핀의 위치를 살펴보고 캐리와 런의 비율을 어떻게 배분할지를 머릿속으로 그려본다.

캐리와 런의 비율

	캐리	런
7I	1	9
9I	3	7
PW	5	5
SW	6	4

APPROACH

(상황별 공략법) 그린이 가깝다면 퍼터로 굴려라

그린 밖이라도 퍼팅이 가능한 상황이라면 퍼터를 사용하는 것이 안전하다.

텍사스 웨지(Texas Wedge)란 말을 들어본 적이 있는가? 텍사스 웨지란 그린 주변에서 웨지가 아닌 퍼터로 어프로치를 하는 것을 말한다. 숏게임에 관한 격언 중에 '굴릴 수 있다면 굴리고 굴릴 수 없을 때만 띄워라.'라는 말이 있다. 따라서 그린 밖이라 하더라도 퍼터를 사용하는 데 방해가 되지 않을 정도로 잔디 상태가 양호하다면 퍼터로 어프로치를 하는 것이 가장 안전하다. 단, 이때는 잔디결의 방향을 살펴보고 임팩트의 강도에 변화를 주어야 한다. 그린 밖이라도 지면이 딱딱하고 잔디가 납작하게 붙어있는 상태라면 일반적인 퍼팅을 구사하고, 잔디가 홀 쪽으로 누워있는 상태라면 약간 강하게 쳐야 하며, 잔디가 역결인 경우에는 저항을 이기기 위해 백스윙을 짧게 해서 때리는 방식으로 퍼팅해야 한다.

그린 주변 지면이 단단하고 잔디가 납작한 상태라면 일반적인 퍼팅처럼 한다.

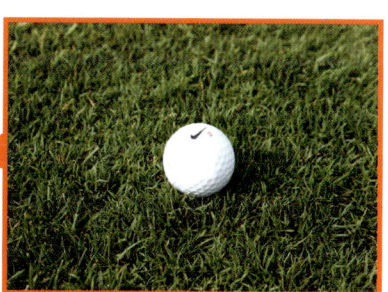

그린 주변 잔디가 홀쪽으로 누워있는 순결이라면 보통 때보다 약 30% 정도 강하게 퍼팅하여 볼이 그린에 도달하기 전 잔디 위를 빠르게 지나가도록 한다.

그린 주변 잔디가 홀과 반대쪽으로 누워있는 역결이라면 스트로크를 길게 하여 치지 말고, 백스윙은 짧게 하여 볼을 때리는 스타일로 퍼팅해야 잔디의 강한 저항을 이겨낼 수 있다.

러프에서는 가까운 거리라도 띄워 쳐라

그린 밖 가까운 거리에서는 퍼터로 쳐서 홀을 노릴 수도 있지만 아무리 가까운 거리라도 러프에서는 볼을 띄워서 쳐야 한다. 이 경우에는 잔디의 저항이 심해 낮게 치는 칩 샷은 효과가 없다. 따라서 볼이 러프에서 공중으로 바로 탈출할 수 있는 샷을 구사해야 한다. 단, 짧은 거리에서는 볼을 띄우는 것 자체도 어렵기 때문에 러프 안에 있는 공을 띄울 때는 더욱 집중력이 요구된다. 백스윙은 시작부터 손목코킹만으로 클럽을 들어 올리고 헤드무게로 가파르게 내려쳐야 한다. 이렇게 하면 볼이 러프에서 살짝 솟구쳐 올라 그린에 부드럽게 착지한다. 단, 완벽한 힘 조절이 필요하며 피치 샷보다 거리가 짧아지므로 충분한 거리를 염두에 두고 샷을 해야 한다.

그린 주변 러프에서 퍼팅을 하거나 낮게 띄워 굴려 치는 칩 샷을 구사하면 잔디의 저항 때문에 실수 확률이 높아진다.

PART 03 APPROACH

러프에서의 피치 샷 연속 동작

1 볼을 스탠스 중앙에 두고 스탠스는 오픈시킨다.

2 오른손 손목코킹을 유지하면서 백스윙한다.

3 다운 블로우로 임팩트한다.

4 임팩트 후에는 자연스럽게 손목 로테이션을 해줘야 잔디의 저항을 이겨낼 수 있다.

5 일반 피치 샷은 임팩트 후 손목 로테이션을 억제하고 클럽페이스가 하늘을 향하게 한다. 이 경우 러프에서는 볼이 힘없이 뜨고 거리가 짧아진다.

왼발 오르막 경사에서는 한 클럽 더 크게 잡아라

그린 주변 왼발 오르막 경사에서 어프로치 샷을 하면 탄도는 높아지는 반면 거리는 짧아지는 것이 보통이다. 이때는 스탠스를 좁히고 볼을 오른발 쪽에 두면 클럽 로프트가 세워져 탄도를 낮출 수 있다. 그리고 경사가 심할 경우에는 한 클럽 더 크게 선택하여 그립을 짧게 잡는 것이 효과적이다. 스윙 폭이 작기 때문에 체중이동은 자제하고 오른발로 체중을 잘 지탱한 상태에서 경사면을 따라 스윙하면 된다. 볼을 칠 때는 어드레스 때 취한 손목 각도를 스윙이 끝날 때까지 그대로 유지하는 것이 포인트이다. 클럽이 진행되는 쪽의 지형이 높기 때문에 손목을 쓰면 클럽헤드가 경사면에 부딪혀 팔로스루가 제대로 되지 않기 때문이다.

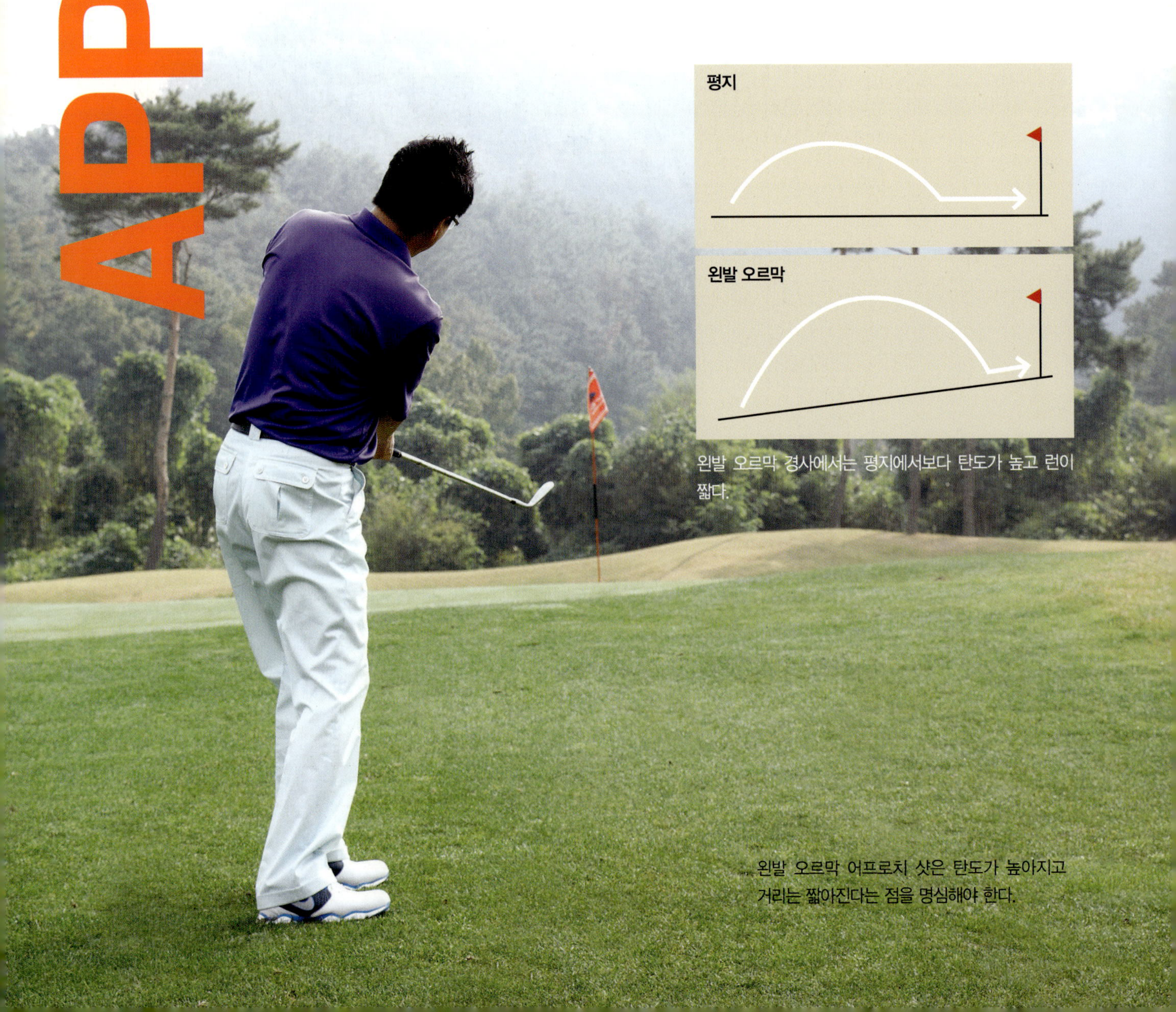

왼발 오르막 경사에서는 평지에서보다 탄도가 높고 런이 짧다.

왼발 오르막 어프로치 샷은 탄도가 높아지고 거리는 짧아진다는 점을 명심해야 한다.

PART 03 APPROACH

왼발 오르막 어프로치 샷 연속 동작

1. 스탠스는 조금 좁히고 볼은 오른발 쪽에 둔다. 체중은 오른발로 지탱한다.
2. 백스윙 때 손목코킹을 의도적으로 하지 않는다.
   손목코킹을 하면 탄도가 높아질 수도 있고 거리감도 떨어진다.

3. 어드레스 때의 손목 각도를 유지하며 경사면을 따라 스윙한다.

상황별 공략법

왼발 내리막 경사에서는 경사면을 긁어 내려가듯이 쳐라

왼발 내리막 어프로치 샷은 어프로치 샷 중에 가장 어렵다.

그린 주변에서 가장 어려운 어프로치 샷은 왼발 내리막 경사에서의 샷이다. 그린 주변의 잔디가 짧아 칩 샷으로 굴릴 수 있다면 다행이지만 잔디가 길면 볼을 띄워서 그린에 먼저 안착시켜야 한다. 이럴 때는 볼을 띄울 수 있도록 어드레스에 유의해야 한다. 먼저 양발의 스탠스를 넓게 벌리고 양 어깨 기울기를 경사면과 평행하게 맞춘다. 그리고 왼쪽 무릎을 굽혀 체중이 아래로 쏠리지 않도록 지탱한다. 경사면 때문에 클럽의 로프트가 더 작아지므로 클럽페이스를 오픈시키거나 로프트가 가장 큰 클럽을 선택한다. 백스윙은 손목코킹을 이용하여 가파르게 하고 다운스윙은 클럽헤드가 경사면을 따라 긁어 내려가듯이 쳐야 한다. 만일 의도적으로 손목을 써서 볼을 띄우려고 하면 탑핑이 발생하므로 주의해야 한다.

APPROACH

상황별 공략법

볼을 높게 띄워 바로 멈추게 하려면 로브 샷을 익혀라

핀이 그린 바로 앞쪽에 있거나, 내리막 경사이거나, 또는 벙커 너머 바로 뒤에 핀이 있을 때는 볼을 띄워서 착지시킨 후 바로 멈추게 해야 하는 상황이다. 이때 구사하는 샷이 로브 샷(Lob Shot)이다. 일단 볼을 띄워야 하므로 로프트가 가장 큰 클럽을 선택한다. 그리고 스탠스를 넓게 벌리고 볼은 스탠스 중간에 두고 체중도 왼발 쪽에 더 싣는다. 이때 클럽페이스와 스탠스를 모두 오픈시켜 발끝 라인을 따라 살짝 '아웃-투-인' 궤도로 스윙해야 하며, 클럽헤드가 볼 아래로 미끄러져 지나가게 해야 한다. 거리에 따라 스윙의 크기를 조절해야 하지만 거리가 짧게 나가는 샷이기 때문에 스윙을 U자형으로 크고 리듬감 있게 하면 된다.

PART 03 APPROACH

스윙 방향

목표 방향

클럽페이스는 오픈시킨다. 스탠스는 오픈 스탠스를 취해서 '아웃-투-인' 궤도로 스윙한다.

스탠스는 약간 넓게 벌린다.

4 볼은 스탠스 중간에 둔다.

6 체중은 왼발 쪽에 더 싣는다.

스탠스를 오픈시킨다.

로브 샷 연속 동작

1 2 3 4 5

클럽페이스와 스탠스를 모두 오픈시키기 때문에 스윙을 크게 해도 거리는 많이 나지 않는다.
따라서 스윙 아크를 크게 U자형으로 하면서 리듬감 있고 자신 있게 스윙한다.

APPROACH

상황별 공략법

깊은 러프에서 볼을 띄울 때는 플롭 샷을 구사하라

로브 샷은 비교적 라이가 좋을 때 가능한 샷이다. 반면에 그린 주변의 깊은 러프에 볼이 잠겨 있을 때에는 띄워 치는 플롭 샷(Flop Shot)을 구사해야 한다. 플롭 샷은 상급 테크닉이 요구된다. 스탠스는 좁게 서서 클럽페이스를 많이 오픈시키고 그립을 단단하게 잡고 볼은 오른발 쪽에 둔다. 그리고 손목코킹을 최대한 이용하여 스윙을 가파르게 해서 스윙 폭이 좁은 V자형이 이루어지도록 한다. 몸통 회전보다는 팔과 손목을 이용해서 클럽헤드가 볼 밑으로 빠른 스피드로 휘둘러지도록 스윙한다. 임팩트 순간 손목을 손바닥 쪽으로 구부려 스쿠핑 동작을 만들면 샷에 도움이 된다. 플롭 샷은 다운스윙을 빠르게 가속시켜야 하고 일반 어프로치 샷보다 탄도가 더 가파르고 거리가 짧게 나간다는 것을 감안해서 쳐야 한다.

깊은 러프에서의 어프로치는 볼이 최대한 빨리 공중으로 튀어오르는 플롭 샷을 구사한다.

PART 03 **APPROACH**

몸통 회전이 아닌 양팔과 손목을 이용한 V자형 아크의 가파르고 빠른 스윙을 구사한다.

플롭 샷은 임팩트 때 클럽헤드를 볼 밑으로 처박으면서 볼을 퍼올리는 스쿠핑 동작을 구사하면 도움이 된다. 사진과 같이 의도적으로 볼을 높이 띄우려고 손목 로테이션을 하면 클럽헤드가 닫혀 볼이 왼쪽으로 날아가게 된다.

그립은 약간 강하게 잡는다.

클럽페이스는 많이 오픈시킨다.

스탠스는 좁게 선다.

볼은 오른발 쪽에 둔다.

APPROACH

상황별 공략법

솟아있는 그린에서는 범프 앤드 런 샷으로 공략하라

그린까지의 높이가 가파르면 로프트가 작은 클럽을 선택한다.

가파른 언덕에서는 볼이 경사면에 부딪히는 순간 스피드가 급격히 감소하기 때문에 언덕을 치고 넘어가기 위해서는 로프트가 작은 클럽을 사용한다.

그린까지의 거리는 짧아도 그린이 평지보다 높은 그린(포대그린)이라면 볼을 띄워서 그린에 안착시켜야 한다. 하지만 이것도 그린에지에서 핀까지 여유 공간이 어느 정도 있을 때나 가능하다. 만일 홀이 그린 맨 앞쪽에 있어 여유 공간이 없다면 범프 앤드 런 샷(Bump and Run Shot)을 시도하자. 범프 앤드 런 샷이란 볼을 그린으로 직접 올리지 않고 언덕에 한번 맞춰서 스피드를 줄인 다음 그린 위에 올라가게 하는 샷이다. 이때 언덕에 한번 부딪힌 볼은 쿠션 작용으로 인해 스피드가 많이 줄기 때문에 그린 위에 올라간 후에는 런이 짧아진다. 이 샷은 언덕의 기울기에 따라 어떤 클럽을 선택하느냐가 성공의 핵심이다. 기울기가 가파를수록 더 긴 클럽(피칭웨지, 9번 아이언 등)을 잡고, 완만하면 짧은 클럽(갭웨지, 샌드웨지 등)을 잡는다. 샷을 하는 요령은 일반적인 칩 샷과 동일하다.

그린까지의 높이가 완만하면 로프트가 큰 클럽을 선택한다.

완만한 언덕에서는 로프트가 큰 클럽을 사용하여 볼이 언덕을 치고 사뿐히 넘어갈 수 있게 한다.

APPROACH

상황별 공략법

그린 주변 러프에서는 우드로 탈출하라

그립은 짧게 잡고 퍼팅 자세를 취한다.

스탠스는 어깨 너비보다 좁게 선다.

볼은 스탠스 중간이나 약간 왼쪽에 둔다.

PART 03 APPROACH

그린 주변의 잔디가 짧은 경우라면 퍼팅이나 일반적인 칩 샷을 시도하는 것이 좋다. 그러나 러프라면 잔디의 저항 때문에 퍼터로 볼을 굴리는 것이 힘들어진다. 그렇다고 섣불리 웨지로 공략하는 것도 잔디의 저항을 이겨내야 하기 때문에 만만치가 않다. 이런 경우에는 우드 칩 샷을 한 번 시도해보자. 우드는 클럽헤드가 둥글고 바닥이 넓기 때문에 아이언과는 달리 잔디를 잘 쓸고 지나갈 수 있다. 3번 보다는 5번 우드를 주로 사용하며, 손목을 쓰면 볼이 의외로 많이 굴러가기 때문에 가급적이면 양팔과 어깨만 사용하는 것이 좋다. 스윙은 퍼팅을 하듯이 하면 되지만 클럽을 가속시키지 말고 부드럽게 친다.

백스윙은 손목사용을 억제하고 양팔과 어깨가 이루는 삼각형을 유지한다.

스윙은 퍼팅하듯 하며 다운스윙에서 가속시키지 말고 부드럽게 친다.

DRILL

미스 샷 향상 드릴

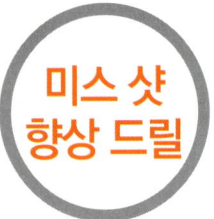

러닝 어프로치 샷 향상 드릴: 롱 샤프트 드릴

그린 주변에서 어프로치 샷을 할 때 볼이 홀에 미치지 못하고 짧은 경우가 자주 발생한다. 이런 경우가 자주 생긴다면 볼을 낮게 쳐서 충분히 굴러 가게 하는 롱 샤프트 드릴을 연습해보자. 이것은 샤프트를 길게 연장하거나 스틱을 샤프트에 끼워 연장해서 칩 샷을 연습하는 방법이다. 이 연습을 할 때는 연장된 샤프트가 자신의 왼쪽 옆구리에 닿지 않도록 해야 한다. 볼이 낮게 날아가도록 손을 타깃 쪽으로 기울여 로프트를 세워서 스윙하는 동안 오른 손목을 그대로 유지해야 한다. 만일 연장된 샤프트가 임팩트 전후에 왼쪽 옆구리에 닿으면 오른 손목이 풀린 결과가 되어 볼이 뜨고 잘 구르지 않는다.

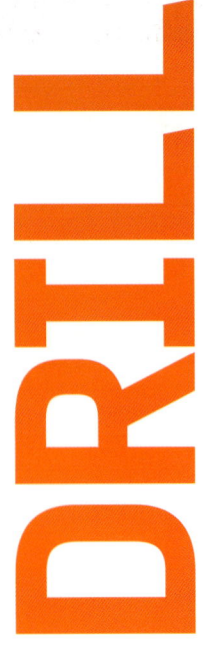

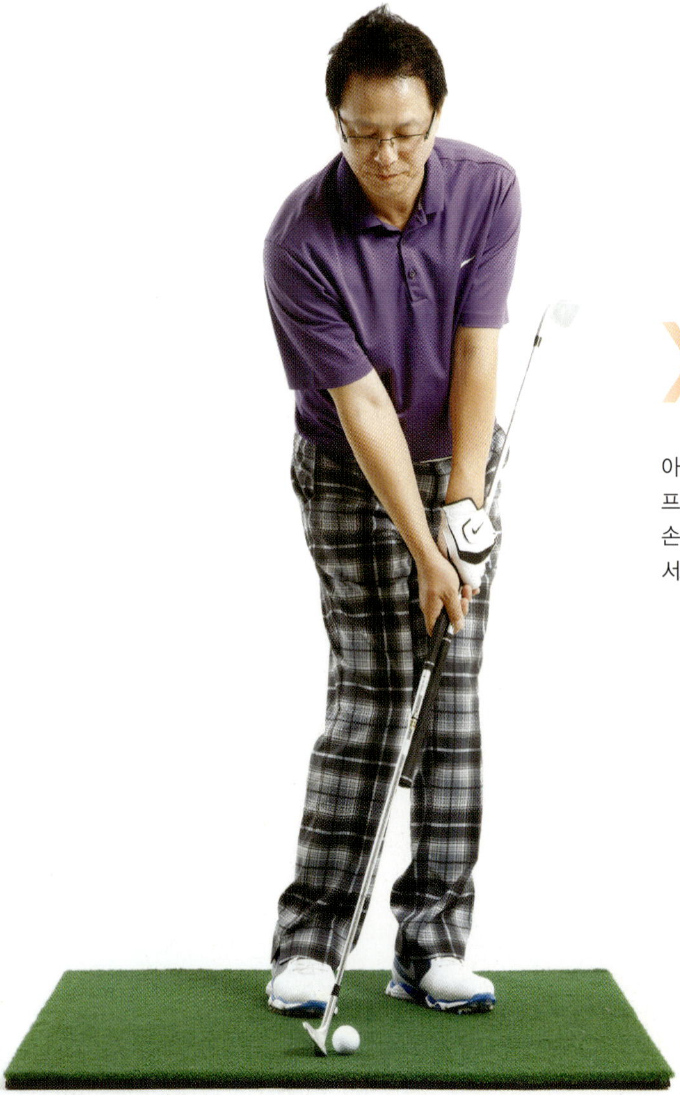

아이언 두 개를 이용하여 어프로치를 향상시킬 수 있는 손쉬운 드릴이다. 연습장에서도 활용해보자.

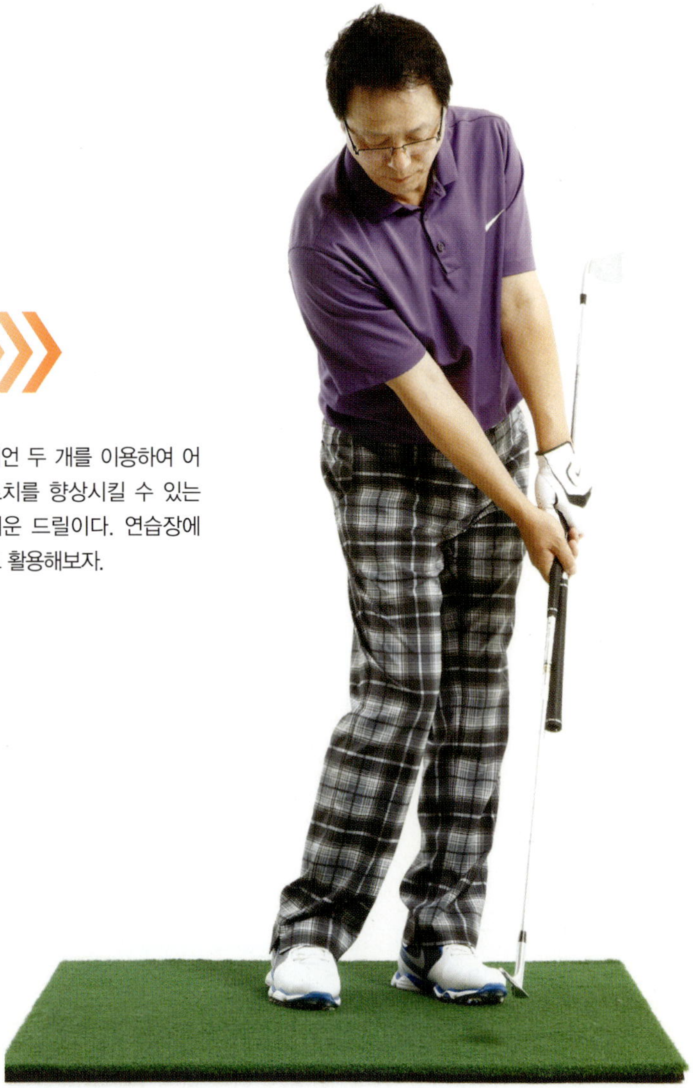

PART 03 APPROACH

연장된 샤프트가 옆구리에 닿지 않는 것이 포인트이다. 오른 손목을 사용하지 않는 것이 중요하다.

오른 손목이 풀리면 연장된 샤프트가 옆구리에 닿는다.

DRILL

미스 샷 향상 드릴

러닝 어프로치 샷 향상 드릴: 임팩트 백 드릴

러닝 어프로치를 할 때 뒤땅을 자주 치거나 볼이 잘 구르지 않는 이유는 오른발 쪽에 체중이 많이 실려 있거나 볼을 내려치지 못하고 손목으로 릴리스하기 때문이다. 이런 경우에는 임팩트 백을 이용해서 보완할 수 있는 방법이 있다. 오른발을 임팩트 백 위에 올린 채 어드레스를 하고 볼을 칠 때도 그 상태로 어프로치 샷을 해보자. 이 자세는 오른발 쪽이 높기 때문에 자연적으로 왼발 위에 체중이 실리게 되고 위에서 클럽헤드의 로프트가 더 세워진 상태에서 볼이 타격되기 때문에 더 잘 구를 수밖에 없다. 더욱이 오른쪽이 높은 어드레스는 다운 블로우가 자동으로 이루어지기 때문에 손목 릴리스가 제한되고 볼은 더 똑바로 구르게 된다.

임팩트 백이 없다면 오른발을 뒤로 20~30cm 정도 빼고 뒤꿈치를 들고 발끝으로 선채로 해도 동일한 효과를 얻을 수 있다.

PART 03 APPROACH

이 드릴의 포인트는 왼발에 체중을 더 싣고 손목을 고정한 채 볼을 내려치는 느낌을 갖는 것이다.

체중이 오른쪽에 더 실려 있으면 뒤땅이 자주 발생하여 거리가 짧아진다.

손목을 고정시키지 못하고 릴리스가 이루어지면 클럽페이스가 닫혀 볼이 왼쪽으로 가는 경우가 많다.

어프로치의 뒤땅과 짧아지는 미스 샷을 잡아라

그린 주변에서 어프로치 샷을 할 때 유난히 뒤땅이 자주 발생한다면 몇 가지 동작을 수정해서 실수를 줄일 수 있다. 첫 번째 실수는 임팩트 때 체중이 오른발에 실린 상태로 손목이 풀려서 샷이 되는 것이고, 두 번째 실수는 임팩트 때 오른쪽 어깨가 아래로 떨어지는 것이다. 이것을 수정하기 위해서는 어드레스를 할 때 왼발 쪽에 체중을 더 싣고 손을 타깃 쪽으로 기울여야 하며, 임팩트 순간에도 반드시 손이 볼보다 더 앞서야 한다. 또한 샷을 하는 동안 어깨의 높이가 일정하게 유지되어서 위아래로 움직이지 말아야 한다. 이 두 가지를 완벽하게 하려면 어드레스 상태에서 머리를 고정시키고 양 어깨와 양팔 위주로만 샷을 하면 된다.

손목이 클럽헤드보다 앞서지 않고 손목이 미리 풀어지면 뒤땅이 자주 발생한다.

머리가 너무 뒤에 머물고 체중이 오른쪽에 실린 채 스윙이 이루어지면 뒤땅이 자주 발생한다.

손이 볼보다 앞서게 한다.

체중은 왼발쪽에 더 둔다.

2 양 어깨와 양팔 위주로 스윙한다.

3 오른쪽 어깨가 밑으로 떨어지지 않도록 한다.

4 체중이 계속 왼발 쪽에 유지되도록 한다.

미스 샷 향상 드릴

어프로치의 탑볼과 어이 없이 길어지는 샷을 잡아라

탑핑은 미스 샷 중에서도 피해가 큰 편이다. 탑핑을 하면 볼에 백스핀이 걸리지 않고 볼이 낮고 날카롭게 날아가기 때문에 핀을 엄청나게 지나친다. 이러한 탑핑은 몸이 경직된 상태에서 자주 일어난다. 또한 임팩트 때 볼을 띄우기 위해 손목을 과도하게 사용하거나 헤드업을 하면 자주 발생한다. 샷을 하는 순간에 볼을 지면에서 띄우기 위해 숟가락으로 아이스크림을 뜨듯이 오른 손목을 손바닥 쪽으로 굽히는 동작을 하면 탑핑이 자주 발생한다. 이때는 어드레스에서 취했던 오른 손목을 손등 쪽으로 굽힌 모양을 그대로 유지하면서 임팩트를 해줘야 한다. 또한 헤드업을 하는 이유는 스윙 동작 중에 척추가 미리 들리기 때문인데, 이때는 볼을 친 후에도 시선을 볼이 있었던 지점에 두면 머리가 일찍 들리거나 돌아가는 것을 방지할 수 있다.

다운스윙 때 손목이 미리 풀리면 탑볼이 자주 발생한다.

PART 03 **APPROACH**

머리를 고정하고 양 어깨와 양팔 위주로 스윙한다.

다운스윙 때 오른 손목의 모양을 그대로 유지하며 다운 블로우로 내려친다.

임팩트 후에도 머리나 척추를 들지 말고 볼이 있는 지점을 더 오래 쳐다본다.

미스 샷 향상 드릴

내 사전에 생크란 없다

생크는 볼이 클럽헤드의 호젤(Hosel, 목 부분)에 맞아 오른쪽으로 급격히 휘며 날아가는 미스 샷이다. 생크의 원인은 여러 가지가 있지만 결국은 어드레스 때 취했던 손의 위치가 임팩트 때는 볼 쪽으로 너무 이동되어 치기 때문이다. 즉, 어드레스 때와 임팩트 때 몸에서 손과의 거리 차이가 많이 날수록 생크가 더 자주 발생하게 된다. 그러므로 생크를 방지하기 위해서는 임팩트 때 손이 어드레스 때와 같은 위치로 올 수 있도록 해야 한다. 하지만 백스윙과 다운스윙이 진행되는 동안 상·하체의 움직임이 함께 일어나므로 임팩트 때 손이 자동적으로 제자리로 돌아오지는 않는다. 그렇게 되도록 하기 위해서는 오른쪽 겨드랑이가 떨어지지 않도록 유지하고 쳐야 한다. 또한 2개의 볼을 놓고 몸에서 가까운 볼만 치는 연습을 해서 타점을 힐 쪽에서 토우 쪽으로 옮기는 연습을 해주면 큰 효과를 볼 수 있다.

볼이 클럽의 호젤 부분에 맞으면 오른쪽으로 급격하게 날아가는 생크가 발생한다. 생크의 특징은 한 번 발생할 경우 2~3번 연속으로 발생하기도 한다는 점이다.

몸과 양손의 간격이 어드레스 때와 임팩트 때가 같다.

임팩트 때 몸과 양손의 간격이 어드레스 때보다 멀다.

PART 03 APPROACH

드릴 1

생크가 발생하면 임팩트 때 의도적으로 오른쪽 겨드랑이를 붙여주면 방지할 수 있다.

드릴 2

연습하기 전 볼이 클럽헤드의 힐 쪽에 맞는 모습

볼이 클럽헤드의 토우 쪽에 맞도록 2개의 볼을 위아래로 놓고 연습한다.

토우로 볼을 치는 연습을 통해 자연스럽게 클럽헤드의 가운데로 볼을 치게 된다.

2개의 볼을 볼 1개 간격 정도 벌려 위아래로 놓고 위쪽 볼을 건드리지 않고 아래쪽 볼만 치는 연습을 하면 생크 방지에 효과적이다.

68 /// 69

골프 용어

그레인(Grain)	그린 위에서 자라는 잔디의 방향 또는 그 결
그루브(Groove)	클럽페이스에 있는 홈
그린(Green)	깃대와 홀컵이 있는 곳으로 잔디를 짧게 깎고 잘 다듬어 놓은 퍼팅을 하는 지역
그립(Grip)	골퍼가 손을 얹는 클럽 부분
다운 블로우(Down Blow)	클럽페이스가 볼을 먼저 치고 그 다음 지면에 맞도록 스윙하는 타법. 어퍼 블로우(Upper Blow)의 반대
다운스윙(Down Swing)	백스윙 직후 볼을 치기 위해 클럽을 내리는 스윙 동작
더프(Duff)	클럽헤드가 공을 치기 전에 땅을 먼저 침으로써 부분적으로 공을 맞히고 공이 나아가는 거리를 감소시키는 타. 일명 뒤땅
덕훅(Duck Hook)	볼이 급격하게 왼쪽으로 구부러지는 심한 훅
도그랙(Dogleg)	마치 개의 다리처럼 오른쪽이나 왼쪽으로 굽은 홀
드라이버(Driver)	비거리가 가장 많이 나는 클럽으로 1번 우드를 말함
드라이빙 레인지(Driving Range)	드라이브를 칠 수 있는 200야드가 넘는 실외연습장
드로우(Draw)	볼이 날아갈 때 오른쪽에서 왼쪽으로 약간 휘는 샷. 페이드(Fade)의 반대
드롭(Drop)	경기 중 공을 잃어버렸거나 공이 경기를 진행하기 불가능한 지점에 놓인 경우 규정에 따라 볼을 옮겨 놓거나 새로운 볼을 다시 놓는 것으로, 플레이어가 똑바로 서서 팔을 어깨 높이로 뻗은 후 공을 수직으로 떨어뜨리는 동작
디보트(Divot)	샷을 한 뒤 클럽헤드에 의해 파여서 옮겨진 잔디 조각 또는 잔디가 빠지고 파인 구멍
딤플(Dimple)	공중에 오래 뜨도록 디자인된 골프공 표면의 둥근 홈
라이(Lie)	볼이 멈춘 지면의 상태 또는 클럽헤드와 샤프트가 이루는 각도
로브 샷(Lob Shot)	거의 앞으로 굴러가지 않고 살짝 착륙하는 짧고 높은 궤도를 그리는 샷
로프트(Loft)	클럽페이스의 각도 또는 경사
롱 아이언(Long Irons)	1~3번 아이언을 말함
런(Run)	볼이 지면에 떨어진 후 굴러가는 거리
레이드 오프(Laid Off)	클럽이 백스윙톱에서 목표의 왼쪽을 가리키는 것
레이트 히트(Late Hit)	다운스윙을 할 때 클럽헤드가 내려오는 동작을 늦추어 순발력을 증가시켜 파워를 최상으로 끌어내는 타법
리버스 오버래핑 그립(Reverse Overlapping Grip)	퍼팅 때 사용되는 그립 스타일로, 오른손 손가락 모두 클럽 위에 놓고 왼손 검지가 오른손 손가락들을 가로질러서 포개는 그립 방법
릴리스(Release)	다운스윙 및 임팩트 이후 헤드 스피드를 계속 가속시키는 동작

PART 03 APPROACH

미들 아이언(Middle Irons)	4~6번 아이언을 말함
백 티(Back Tee)	티잉 그라운드에서 가장 뒤쪽에 있는 티. 챔피언 티라고도 함
백스윙(Backswing)	클럽을 볼 뒤쪽으로 들어 올리는 스윙의 과정
백스핀(Backspin)	클럽페이스의 경사, 어프로치 각도, 클럽헤드의 속도 등에 의해 볼이 영향을 받아 볼이 날아가는 방향의 반대 방향으로 돌아가는 볼의 회전
버디(Birdie)	1홀에서 기준 타수(파)보다 한 타 적게 홀 아웃하는 것
범프 앤드 런(Bump and Run)	볼을 일부러 낮게 쳐서 지면을 맞고 튀게 하면서 속도를 늦춰 그린 근처로 굴러가게 하는 샷
벙커(Bunker)	코스에서 장애물이 되는 모래 구덩이나 풀 구덩
베이스볼 그립(Baseball Grip)	열손가락으로 야구 배트를 잡는 형태로 쥐는 그립 방법
보기 플레이어(Bogey Player)	매 홀을 보기로 마칠 경우 나오는 스코어로 경기 당 90타 전후를 기록하는 골퍼를 일컫는 말
보기(Bogey)	파보다 한 타를 더 친 타수로 홀 아웃하는 것
브레이크(Break)	경사나 잔디의 결 또는 바람 때문에 공이 땅 위에서 나아가는 곡선
블레이드 샷(Bladed Shot)	공의 중심 혹은 그 위를 클럽페이스의 리딩에지로 쳐서 낮은 라인드라이브 곡선을 그리는 샷
블레이드(Blade)	아이언의 칼날 모양으로 된 부분
섕크(Shank)	클럽의 목(넥) 부분으로 볼을 치는 미스 샷
세미러프(Semirough)	러프 지역에 있는 잔디이지만 너무 길지도 또 너무 짧지도 않은 잔디
셋업(Setup)	볼을 치기 위해 자세를 잡는 어드레스 동작
솔(Sole)	클럽헤드의 바닥 부분
숏 아이언(Short Iron)	7~9번의 아이언을 말함
숏게임(Short Game)	그린 근처에서 가장 적은 타로 볼을 홀에 넣을 수 있도록 모든 종류의 샷을 포함한 플레이. 벙커 샷, 퍼팅, 칩 샷, 피치 샷 등
스리쿼터스윙(Three-Quarter Swing)	클럽 거리의 75% 정도만 보낼 의도로 정상 이하의 길이의 백스윙이나 노력으로 친 샷
스웨이(Sway)	백스윙이나 다운스윙 때 지나치게 옆으로 움직이는 몸동작
스위트 스폿(Sweet Spot)	클럽페이스의 정중앙
스윙 아크(Swing Arc)	클럽헤드가 그리는 궤도
스윙 플레인(Swing Plane)	스윙 때 클럽의 진로와 각도를 나타내기 위해 사용되는 가상의 평평하고 얇은 표면
스카이 샷(Sky Shot)	클럽페이스의 윗부분으로 볼의 밑부분을 쳐서 볼이 높게 떠오를 뿐 비거리는 짧은 샷
스퀘어(Square)	①타깃라인에서 올바른 각도로 위치했을 때의 클럽페이스, ②발뒤꿈치를 따라서 그려지는 선이 타깃라인과 평행한 발의 자세, ③타깃을 겨냥할 때 타깃라인과 평행한 어깨, 엉덩이, 무릎, ④볼을 쳤을 때 볼의 중앙에 클럽페이스가 정확하게 맞는 것 등을 말함
스탠스(Stance)	볼을 치려고 할 때의 발의 자세

스트롱 그립(Strong Grip)	그립을 시계방향으로 회전시켜 잡는 그립 방법
스폿(Spot)	볼의 뒷면에 동전이나 작은 물체를 놓음으로써 볼을 치기 전에 그린 위에서 볼의 위치를 표시하는 것
스푼(Spoon)	현재의 3번 우드를 말하며, 경사진 페어웨이우드의 초기 이름
슬라이스(Slice)	볼이 왼쪽에서 오른쪽으로 현저하게 꺾어지는 샷
아웃 오브 바운드(Out of Bound)	경기를 정상적으로 진행할 수 없는 구역. 주로 OB라고 함
아웃사이드 인(Outside In)	임팩트 때 클럽헤드가 타깃라인의 바깥쪽에서 안쪽으로 덮여 들어가는 것
아이언(Iron)	클럽헤드가 금속으로 만들어진 클럽
아크(Arc)	스윙 궤도를 말함
야디지(Yardage)	야드 단위로 나타낸 각 홀의 길이나 코스 전체의 길이
어드레스(Address)	골퍼가 샷을 하기 위해 몸과 클럽의 자세를 준비하는 과정
어퍼 블로우(Upper Blow)	클럽페이스가 스윙의 최저점을 지난 후 올라가는 순간 볼에 맞도록 스윙하는 타법. 다운 블로우(Down Blow)의 반대
어프로치 샷(Approach Shot)	그린 주변에서 퍼팅 그린을 향해서 또는 그린 위로 올리는 스트로크. 또는 페어웨이에서 그린에 가깝게 볼을 보내기 위해 친 샷
언더 파(Under Par)	규정 타수보다 적은 스코어
언코킹(Uncocking)	코킹된 손목을 임팩트 이후 풀어주는 것
얼라인먼트(Alignment)	타깃을 향해 몸을 정렬시키고 클럽페이스의 배치하는 것. 에이밍(Aiming)의 일부분
업 앤드 다운(Up and Down)	그린의 굴곡이 심한 것을 일컫는 말
업라이트 스윙(Upright Swing)	스윙 궤도가 지면과 수직에 가까운 스윙
에어 샷(Air Shot)	공을 맞추기 못하고 허공을 가르는 샷. 일명 헛스윙
에이프런(Apron)	그린의 가장자리
에임라인(Aim Line)	볼에서 타깃까지의 눈에 보이지 않는 라인을 말함. 타깃라인과 동일
에지(Edge)	홀, 그린, 벙커 등의 가장자리
오버 스윙(Over Swing)	백스윙 톱에서 클럽이 지나치게 지면을 향하는 스윙 동작
오버래핑 그립(Overlapping Grip)	클럽을 쥐는 방법 중 오른손 새끼손가락을 왼손 집게손가락 위에 올려 잡는 것으로, 영국의 프로골퍼 해리 바든이 유행시킨 방법이라 하여 바든 그립이라고도 함
오픈 스탠스(Open Stance)	오른손잡이의 경우 왼발을 뒤로 약간 당겨 공이 날아가는 쪽으로 몸을 오픈시킨 자세
오픈 페이스(Open Face)	클럽페이스가 볼에 대하여 90°를 넘어 약간 열린 상태
올 스퀘어(All Square)	모든 플레이어의 승부가 무승부일 때를 일컫는 말
왜글(Waggle)	스윙을 하기 전 정신을 집중시키고 근육을 풀어주기 위해 클럽을 가볍게 좌우나 앞뒤로 흔들어주는 동작
우드(Wood)	클럽헤드가 나무로 만들어진 클럽
워터 해저드(Water Hazard)	코스 안에 걸쳐 있는 바다, 호수, 연못, 하천, 도랑 등의 장애물
원 온(One One)	한 타로 볼을 그린에 올리는 것

PART 03 APPROACH

플랫 스윙(Flat Swing)	수평면에 가까운 스윙, 업라이트 스윙의 반대
플레인(Plane)	스윙궤도가 그려지는 공간
플롭 샷(Flop Shot)	갑작스러운 백스윙으로 올라갔다가 천천히 가파르게 내려오면서 클럽헤드가 볼 밑으로 미끄러지는 느슨한 손목으로 치는 피치 샷
피니시(Finish)	스윙의 마지막 자세
피봇(Pivot)	고정된 축 주위의 몸 또는 몸의 부분의 움직임. 보통 백스윙톱 때의 척추 둘레로 움직이는 몸의 회전을 표현할 때 사용
피치 샷(Pitch shot)	어프로치 샷의 일종으로 길고 높은 궤도를 그리는 샷
피치 앤드 런(Pitch and Run)	공을 낮게 띄워서 착지한 후 평소보다 더 많이 굴러가도록 치는 어프로치 샷
핀(Pin)	홀에 꽂힌 깃대
핀치 샷(Pinch Shot)	그린 주위에서 공을 날카롭게 내려쳐 백스핀을 많이 주어 착지 후 런이 거의 없도록 치는 샷
하프 스윙(Half Swing)	클럽의 정상적인 거리의 50% 정도만 나가도록 하는 샷
핸드 퍼스트(Hand First)	그립을 쥔 양손이 볼보다 앞쪽으로 나아가 있는 상태
헤드업(Head Up)	임팩트를 보지 못하고 미리 목표방향으로 머리를 들어 올리는 현상
호젤(Hosel)	클럽헤드와 샤프트가 만나는 부분
홀 아웃(Hole Out)	한 홀의 플레이를 마치는 것
홀인원(Hole in One)	티잉 그라운드에서 1타로 볼이 홀에 들어가는 것
훅(Hook)	오른쪽에서 왼쪽으로 구부러지며 날아가는 샷

장소 협찬 베어리버 골프리조트

핵심만 배우는 골프 Vol.3
어프로치 편

초판 1쇄 발행 2014년 8월 9일
초판 5쇄 발행 2020년 9월 1일

지은이 김해천
펴낸이 김영조
콘텐츠기획팀 권지숙, 김은정, 김희현
액티비티북팀 장윤선
디자인팀 왕윤경
마케팅팀 이유섭, 박혜린
경영지원팀 정은진
외부스태프 디자인 design group ALL
　　　　　촬영 이과용
　　　　　모델 김해천, 이보미
펴낸곳 싸이프레스
주소 서울시 마포구 양화로7길 44, 3층
전화 02-335-0385 / 0399
팩스 02-335-0397
이메일 cypressbook1@naver.com
홈페이지 www.cypressbook.co.kr
블로그 blog.naver.com/cypressbook
페이스북 www.facebook.com/cypressbook
인스타그램 싸이프레스 @cypress_book
　　　　　　스티커 아트북 @cypress_stickerartbook
출판등록 2009년 11월 3일 제2010-000105호

ISBN 978-89-97125-51-7 14690
ISBN 978-89-97125-46-3 14690 (세트)

· 이 책은 저작권법에 따라 보호를 받는 저작물이므로 무단 전재 및 무단 복제를 금합니다.
· 책값은 뒤표지에 있습니다.
· 파본은 구입하신 곳에서 교환해 드립니다.
· 싸이프레스는 여러분의 소중한 원고를 기다립니다.

이 도서의 국립중앙도서관 출판시도서목록(CIP)은 e-CIP홈페이지(http://www.nl.go.kr/cip.php)와 국가자료공동목록시스템(http://www.nl.go.kr/kolisnet)에서 이용하실 수 있습니다. (CIP 제어번호 : 2014022127)